커스틴 브래들리 글

호주에서 밀크우드 농장을 세웠습니다. 남편과 함께 지속 가능한 정원 가꾸기와 삶을 위한 교육에 힘쓰고 있습니다.
어른들을 위한 정원 가꾸기 책을 쓰기도 했습니다.

에이치 그림

루마니아의 일러스트레이터입니다. 고전 이야기, 판타지, 자연에서 영감을 얻습니다.
생생한 패턴과 강렬한 색감, 독특한 무늬 등을 사용해 다양한 책에 그림을 그렸습니다.

이순영 옮김

강릉에서 태어나 자랐고, 한국외국어대학교에서 영어를 공부했습니다. 이루리와 함께 북극곰 출판사를 설립하고 책을 만들고 있습니다.
그동안 번역한 책으로는 『당신의 별자리』『안돼!』『똑똑해지는 약』『한밤의 정원사』『우리 집에 용이 나타났어요』 등이 있습니다.

박원순 감수

서울대학교 원예학과를 졸업하고 출판사에서 편집 기획자로 일했습니다. 꽃과 정원, 자연이 좋아 제주 여미지 식물원 가드너로 재직 후
미국 롱우드 가든에서 국제 가드너 양성 과정을 이수하고 델라웨어 대학교 롱우드 대학원에서 대중 원예를 전공하였습니다.
현재 식물 연출 전문가로 사계절 전시원 등 다양한 테마 정원을 만들고 있으며, 옮긴 책에『세상을 바꾼 식물 이야기 100』『식물: 대백과사전』
지은 책에『나는 가드너입니다』『식물의 위로』가 있습니다.

북극곰 궁금해 시리즈 6

정원을 가꿔요 어린이를 위한 쉬운 가드닝

2020년 5월 28일 초판 1쇄 ‖ 2021년 5월 10일 초판 3쇄
글 커스틴 브래들리 ‖ 그림 에이치 ‖ 옮김 이순영 ‖ 감수 박원순
편집 이지혜, 노한나 ‖ 디자인 기하늘 ‖ 마케팅 최은애, 이향령
펴낸이 이순영 ‖ 펴낸곳 북극곰 ‖ 출판등록 2009년 6월 25일 (제 300-2009-73호)
주소 서울시 마포구 독막로 320 B106호 북극곰 ‖ 전화 02-359-5220 ‖ 팩스 02-359-5221
이메일 bookgoodcome@gmail.com ‖ 홈페이지 www.bookgoodcome.com
ISBN 979-11-90300-98-8 77400 ‖ 979-11-89164-60-7 (세트) ‖ 값 15,000원

Easy Peasy: Gardening for Kids
Illustrated by Aitch
Written by Kirsten Bradley
Original edition conceived, edited and designed by getstalten
Edited by Angela Francis and Robert Klanten
Published by Little Gestalten, Berlin 2019
Copyright @ 2019 by Die Gestalten Verlag GmbH & Co. KG

이 책의 한국어판 저작권은 오렌지에이전시를 통해 저작권자와 독점 계약한 북극곰에 있습니다.
저작권법에 의해 한국 내에서 보호를 받는 저작물이므로 무단 전재와 복제를 금합니다.
「이 책의 국립중앙도서관 출판예정도서목록(CIP)은 서지정보유통지원시스템(http://seoji.nl.go.kr)과
국가자료공동목록시스템(http://www.nl.go.kr/kolisnet)에서 이용하실 수 있습니다. (CIP제어번호: CIP2020019086)」

제품명 : 도서 ‖ 제조자명 : 북극곰 ‖ 제조국명 : 대한민국 ‖ 사용연령 : 3세 이상
주의! 책 모서리가 날카로우니, 던지거나 떨어뜨려 다치지 않도록 주의하세요.

북극곰 유튜브

정원을 가꿔요
어린이를 위한 쉬운 가드닝

북곰

들어가며	5
실내에서 채소 기르기	6
화분 만들기	8
실내 허브 정원 가꾸기	10
정원 관리하기	12
곤충 호텔 만들기	14
씨앗 보관하기	16
신문으로 모종 화분 만들기	18
꽃 속 관찰하기	20
씨드볼 만들기	22
바람개비 만들기	24

꽃가루 매개자를 위한 화분 26

야생 관찰 일기 쓰기 28

숨은 곤충 찾기 30

이끼볼 만들기 32

새들에게 먹이 주기 34

테라리엄 만들기 36

꽃들에게 친구를 38

꽃과 잎 누르기 40

복숭아나무 기르기 42

콩 요새 짓기 44

용어 사전 48

정원을 가꾸고 자연을 돌보는 일은 누구나 할 수 있어요. 주택에서도 아파트에서도 가능해요. 작은 텃밭이나 베란다, 창턱에서도 아름다운 정원을 가꾸며, 생태계를 엿볼 수 있어요. 우리 주변에는 채소와 풀과 꽃들이 자라요. 식사 때 바로 먹을 수 있는 허브도 자라요. 관찰하고 배울 자연이 우리 가까이에 있어요.

이 책에서는 식물을 기르고 배우고 관찰하고, 정원 가꾸기를 실천할 수 있는 여러 활동을 소개할 거예요. 화분을 만들거나 여러분이 살고 있는 곳의 날씨를 관찰하는 것부터 시작할 수 있어요. 씨드볼을 만들어 길가에 꽃을 심을 수도 있고요. 먹다 남은 음식으로 부엌 창턱 위에 새로운 식물을 기를 수도 있어요. 이 모든 일은 여러분이 직접 해 보는 것이 중요해요. 어른의 도움 없이도 손쉽게 해낼 수 있어요.

여러분만의 정원을 가꾸는 일은 무척 재미있고 쉬워요. 생태계를 관찰하고 배우는 것도 마찬가지예요. 야생을 관찰하고 일기를 써 보세요. 꽃을 하나 골라서 눌러 보거나, 마당에 꿀벌 호텔을 만들어 두고 벌이 꽃을 찾아오게 해 보세요.

즐거운 시간 보내길 바라요!

실내에서 채소 기르기

먹다 남은 채소도 다시 기를 수 있는 거 알아요?
자라면 잘라서 먹고 또 잘라서 먹을 수 있어요!
물 한 컵이나 흙 조금만 있으면 돼요.

필요한 것

이쑤시개
고구마 반쪽   파
물 한 컵   흙

1

고구마 위쪽에 이쑤시개를 대각선으로 꽂아요.
고구마가 유리컵에 빠지지 않게 해 줄 거예요.

2

유리컵에 깨끗한 물을 담아요.
맨 위 몇 센티미터 정도는
남기고요.

3

고구마의 잘린 면을 아래로 해서
유리컵에 넣어요.

4

고구마 컵을 햇빛이 잘 드는 곳에
놓으세요. 하지만 강한 햇빛을 직접
받으면 곤란해요. 일주일 안에
싹이 틀 거예요. 아래쪽은 늘 물에
잠기도록 해 주세요.

비슷한 방법으로
흙에서 파를
기를 수도 있어요.

1

2

 고구마 줄기가 자라면서 창틀을 타고 올라갈 거예요.
줄기는 샐러드나 국에 넣어 먹을 수 있어요.

화분 만들기

멋진 화분을 만드는 건 아주 쉬워요! 지금 바로 부엌으로 가서 필요한 재료를 찾아보세요. 빈 상자를 재활용해요.

필요한 것

- 플라스틱 상자나 코팅된 우유갑 (깨끗이 씻기)
- 납작한 돌멩이 여러 개
- 접시
- 가위
- 작은 식물
- 사인펜
- 배양토
- 물감과 붓

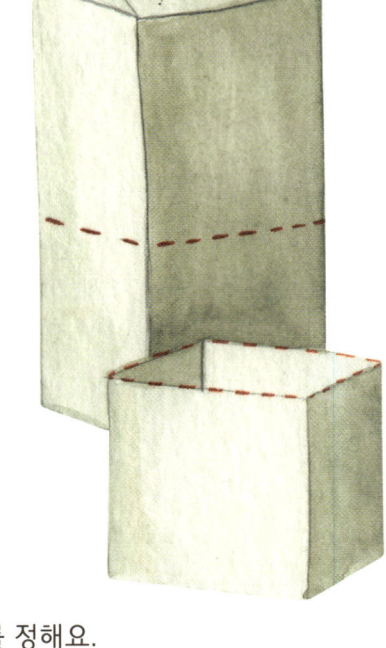

1 상자를 고르고 화분 높이를 정해요. 정한 높이를 따라 선을 그리고 자르세요. 윗부분은 재활용 통에 버려 주세요.

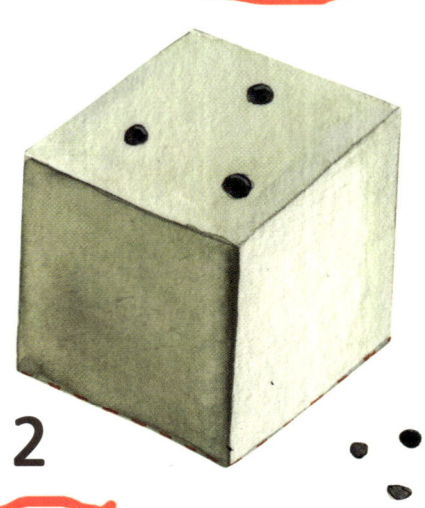

2 상자 바닥에 구멍 세 개를 만들어요.

3 이제 상자를 꾸며요! 점이나 선을 그리거나 재미있는 얼굴을 그려 보세요.

상자에 흙을 채우고 작은 식물을 넣어요.
상자 끝까지 흙을 조심스럽게 더 넣은 다음,
꾹꾹 눌러 주세요.

접시 위에 납작한 돌멩이를 깔고
그 위에 상자를 올리세요.

여러분만의 화분에 꽃씨도 심을 수 있어요.
26~27쪽을 보고 따라 해 보세요. 허브를 키워도 좋아요.

6 물을 조금 주세요.
이제 새 화분이 생겼어요!

실내 허브 정원 가꾸기

창턱에 허브를 심어서 맛있는 정원을 가꿔 보세요.
먼저 허브 정원을 어디에 둘지 정하세요.
햇빛이 잘 드는 곳이 좋아요!

필요한 것

화초 상자나 화분

화분 받침대로 쓸 접시나 쟁반   배양토

회향 씨와 파슬리 씨

1

화분에 흙을 넣어요.
맨 위 몇 센티미터 정도는
남기고요.
흙을 꾹꾹 눌러요.

2

회향 씨를 흙 반쪽에 뿌려요.

3

파슬리 씨는 나머지 반쪽에 뿌리고요.

4

씨앗을 살짝 덮을 만큼 흙을 뿌려요.
그리고 다시 꾹꾹 눌러요.

허브는 물만 잘 주면 한두 계절 동안
무럭무럭 자랄 거예요.

5

회향과 파슬리가 15센티미터 정도
자라면 조금씩 잘라서 먹으면 돼요.
뿌리가 다치지 않도록 가위로 잘라 주세요.

정원 관리하기

흙

흙은 식물의 집이에요. 여러분도 집이 있잖아요.
흙이 건강하고 행복해야 식물도 건강하고 행복해져요.
모든 종류의 흙은 같은 걸 좋아해요. 바로 생명이에요!

물

화분에 물을 줄지 말지 고민이라면
흙에 손가락을 넣어 보세요. 축축한가요?
아니면 메마른가요?

퇴비

흙에 퇴비를 주는 건 영양가 높은
식사를 주는 것과 같아요. 식물이 크고
튼튼하게 자라도록 도와주죠. 퇴비를 만들려면
낙엽이나 짚, 마른 풀을 음식물 찌꺼기와 함께 섞어요.
라자냐처럼 여러 겹으로 만들어요. 퇴비를
만들어 두면 따뜻해져서 김이 모락모락
올라오는 걸 볼 수 있을 거예요!

내가 가지고 있는 흙은 어떤 종류일까요?

진흙
진흙은 한 움큼 잡아서 꽉 쥐면 단단하게 뭉쳐져요.

콘크리트
어쩌면 여러분 주변에는 흙이 전혀 없을 수도 있어요! 그러면 정원을 만들기 위해 화분이 많이 필요하겠죠?

사양토
사양토는 흙끼리 뭉쳐지지 않고 손가락 사이로 스르르 빠져나가요. 선인장은 이런 종류의 흙을 좋아해요.

곤충 호텔 만들기

식물과 친한 곤충들을 모이게 하려면 곤충들에게
머물 공간을 만들어 줘야 해요! 곤충들은 쾌적하고 아늑한
잠자리가 필요해요. 곤충을 위한 호텔을 만들어 주세요.
곤충마다 좋아하는 호텔이 달라요.

필요한 것

나무나 판지,
플라스틱으로 만든
튼튼한 상자

나뭇가지, 갈대
또는 가는 대나무 줄기

얇은 철사 끈

가지가위

진흙

어떤 곤충은
나뭇가지 사이의 아늑한 곳을
좋아해요. 어떤 곤충은 갈대 구멍을,
어떤 곤충은 진흙 속을 좋아해요.
곤충들에게 다양한 호텔을
만들어 주세요!

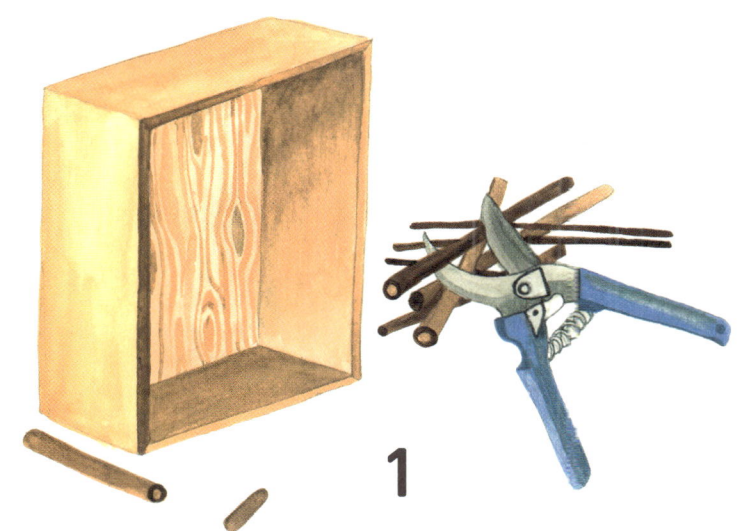

1

상자를 옆으로 세워요. 나뭇가지와 갈대 길이를 재서, 상자 밖으로 조금 삐져나오게 가위로 잘라 주세요.

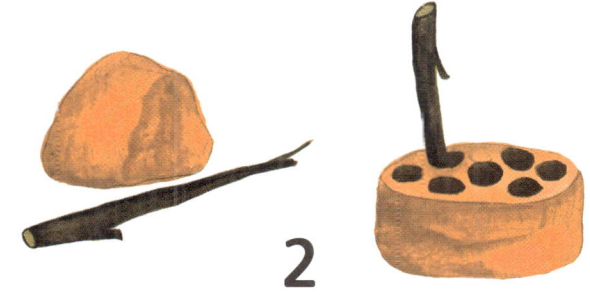

2

진흙을 둥글게 뭉쳐요. 작은 가지로 진흙 한쪽에 구멍을 뚫어요. 구멍은 적어도 5센티미터 깊이로 파야 해요.

4

나뭇가지와 갈대 등을 같은 재료끼리 모아서 단단히 묶어요. 막대기 뭉치들을 상자 안에 쌓으세요.

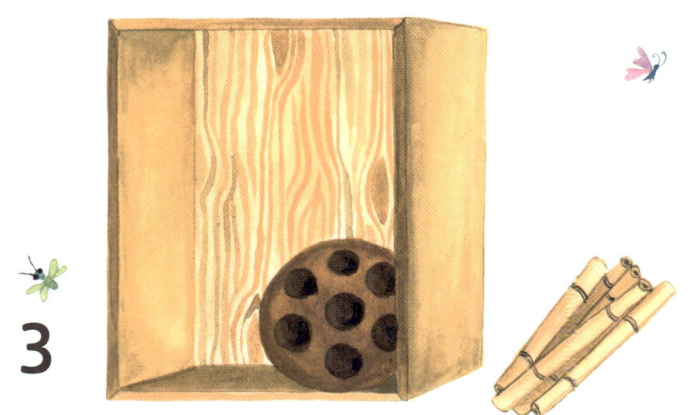

3

진흙을 상자 한쪽 구석에 놓으세요. 구멍이 보여야 해요.

5

완성된 곤충 호텔을 밖에 내놓으세요. 땅에서 1미터 정도 떨어진 곳에 두면 좋아요. 선반이나 탁자처럼 빗물이 닿지 않는 곳에 놓으세요.

곤충들이 여러분이 만든 멋진 호텔을 발견하는 데는 시간이 좀 걸려요. 하지만 언젠가는 손님이 찾아올 거예요. 어떤 구멍은 손님들로 가득 찰 거고요. 곤충들은 새로 찾은 근사한 호텔이 마음에 들면 친구들에게도 자랑하니까요!

씨앗 보관하기

식물에게서 씨앗을 받아 잘 모아 두면,
좋아하는 식물을 계속 심고 가꿀 수 있어요.
친구들에게 씨앗을 나눌 수도 있고요!

필요한 것
정사각형 종이

1 종이를 다이아몬드 모양으로 놓아요.

2 아래쪽 반을 위로 올려서 세모로 접어요.

3 오른쪽 모서리를 접어서 아래쪽 선과 일직선이 되게 맞추고

4 반대쪽 끝과 만나도록 접어요.

5 같은 방법으로 왼쪽 모서리를 반대쪽 끝과 만나도록 접어요.

6 맨 위의 한 장을 5번에서 접은 곳 속으로 넣어요.

씨앗 봉투가 완성되었어요! 이름표를 붙이고 예쁘게 꾸며서, 봉투 안에 씨앗을 넣어요.
봉투를 닫으려면 맨 위의 남은 한 장을 앞쪽 주머니에 접어 넣어요.
씨앗은 벌레가 없는, 서늘하고 건조한 곳에 보관하세요.

신문으로 모종 화분 만들기

필요한 것

신문   가위   스카치테이프   따지 않은 캔이나 작은 병

봄에는 신문으로 만든 모종 화분에서도 씨앗이 쉽게 싹을 틔울 수 있어요. 먼저 낡은 신문지로 화분을 만들어요. 씨앗을 심어서 싹이 나면, 정원에 바로 옮길 수 있어요. 거기서 뿌리를 내릴 거예요.

1
두 겹으로 된 신문지를 접어서 네 겹으로 만들어요.

2
같은 너비가 되도록 세 조각으로 잘라요. 이 정도면 작은 화분 세 개를 만들 수 있어요.

3
신문지 위에 캔을 놓아요. 맨 위에 약 3센티미터는 남겨 주세요.

4
신문지로 캔을 감싸서 느슨하게 말아요. 끝부분에 스카치테이프를 붙여요.

5
위에 남은 부분을 접어서 화분 바닥을 만들어요.

6
종이를 살살 돌려서 캔을 빼요. 같은 방법으로 다른 화분도 만들어 보세요!

모종 화분이 약해 보인다고요?
흙을 가득 채우고 씨앗을 잘 심으면
놀랄 정도로 튼튼하답니다.

7

선반이나 쟁반 위에 모종 화분을 놓고 흙과 씨앗을 넣으세요. 정원으로 옮겨 심을 때에는 스카치테이프만 떼서 전체를 넣으면 돼요!

꽃 속 관찰하기

꽃가루받이란 무엇일까요?

정원에서는 꽃가루받이가 무척 중요해요. 꽃가루받이는 꽃에서 열매와 씨앗이 만들어지는 과정이에요. 꽃가루가 꽃들 사이를 이리저리 옮겨 다닐 때 일어나요.

꽃가루받이는 어떻게 일어날까요?

먼저 꽃밥(1)에 있는 꽃가루가 암술머리(2)로 이동해요.

그다음엔 꽃가루가 꽃가루관을 타고 내려가 씨방(3) 안에 있는 밑씨와 만나 수정해요.

수정된 씨방은 천천히 부풀어 올라 씨앗으로 가득 찬 열매가 돼요. 식물에 따라 배, 호박 또는 로즈힙 같은 열매가 돼요. 모든 열매는 수정된 씨앗을 가지고 있어서 나중에 심으면 또 자랄 거예요.

꽃가루 매개자는 누구일까요?

어떤 식물은 꽃가루받이를 하기 위해
누군가가 꽃가루를 수꽃에서 암꽃으로 옮겨 줘야 해요.
꽃가루 매개자가 바로 이 과정을 도와줘요.

꽃가루 매개자는 어디에 있을까요?

꽃가루 매개자는 우리 주변에서 매일 만날 수 있어요. 어떤 매개자는 특별한 식물을 좋아하고, 어떤 매개자는 가리는 게 없어요.

바람은 꽃가루를 이 꽃 저 꽃으로 옮겨요.
벌은 꿀과 꽃가루를 구하러 여러 꽃을 찾아다니며
가는 곳마다 꽃가루를 옮겨요.
말벌도 꿀과 꽃가루를 찾아다니며 꽃가루를 여기저기 옮겨요.
작은 새는 꽃의 꿀을 마셔요. 그러면서 꽃가루를 옮겨요.
나비는 여기저기 다양한 꽃에 앉아 꿀을 먹어요.
그러면서 다리와 머리에 꽃가루를 묻혀 옮겨요.
나방도 밤에 피는 꽃에 앉아 꿀을 먹어요.
당연히 꽃가루가 여기저기 퍼지겠죠?

씨드볼 만들기

씨드볼은 어디서든 꽃을 기를 수 있는 마법의 공이에요! 진흙과 퇴비에 꽃씨를 넣고 섞어서 단단하게 말려요. 원하는 곳 어디에든 씨드볼을 심고 비가 오기를 기다리면 돼요. 비가 촉촉이 내리면 물이 진흙에 스며들어 씨앗을 땅속으로 내보내요. 한두 달 후에는 꽃이 활짝 필 거예요. 잊지 마세요! 꽃이 많다는 건 꽃가루 매개자들에게 더 많은 먹을거리가 생긴다는 뜻이에요.

필요한 것

진흙 가루 또는 진흙덩이
퇴비
체
양동이
물 한 통
꽃씨

1

퇴비를 체로 곱게 걸러 양동이에 담아요.
체 위에 남은 것들은 정원에 다시 버리세요.

2

같은 양의 진흙을 양동이에 넣어요.
반은 퇴비, 반은 진흙이 되겠죠?
진흙 덩이를 사용한다면, 먼저 물을
조금 넣어서 부드럽게 만들어요.

3

꽃씨를 양동이에 넣어요.
진흙 퇴비 두 컵 당 씨앗 한 줌
정도가 좋아요. 하지간 씨앗은
원하는 만큼 사용해드 괜찮아요.

4

재료를 골고루 섞어요.
물을 조금씩 넣어 가며 공처럼
뭉쳐지게 만들어요.

5

체리만 한 크기로 작게 떼서
동그랗게 말아요. 쟁반에 담아 말려 주세요.
씨드볼은 몇 달 동안 보관할 수 있어요.

6

꽃을 기르고 싶은 곳에 씨드볼을 심어요.
날씨를 잘 살펴보세요. 비가 와야 하니까요!

바람개비 만들기

여러분이 사는 곳은 바람이 어디에서 불어오나요?
봄에는 동쪽에서 오고, 가을에는 서쪽에서 오나요?
정원에서 날씨를 관찰하고 생태계에 대해 알아보세요.
바람개비는 둥근 플라스틱 병으로 만들 수 있어요.
여러분이 원하는 멋진 색깔로 칠해 보세요!

필요한 것

플라스틱 병
날카로운 가위
사인펜
클립
끈

1

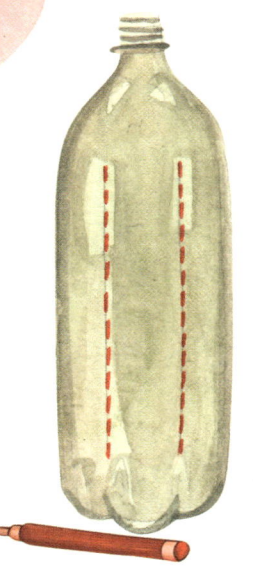

병의 윗부분과 아랫부분을 남기고 세로로 선을 그어요. 선과 선 사이는 손가락 몇 개가 들어갈 정도의 간격을 두세요.

2

가위로 선을 따라 조심스럽게 잘라요.

3

선의 윗부분과 아랫부분을 수평으로 조금씩 잘라요. 같은 방향으로 잘라 주세요.

4

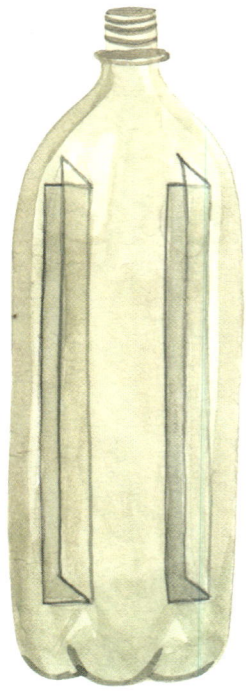

각 날개를 조심스럽게 안으로 밀어 넣어요.

꽃가루 매개자를 위한 화분

여러분의 정원에 벌이나 나비 같은 꽃가루 매개자가 찾아오도록
화분을 만들어 보세요. 꽃가루 매개자들도 여러분만큼
아름다운 꽃을 좋아할 거예요.

필요한 것

큰 화분   작고 둥근 돌

화분을 채울 만큼 충분한 배양토

꽃가루 매개자가 좋아하는 꽃씨(메리골드, 야생 당근, 코스모스, 보리지)

1 먼저 화분을 둘 장소를 정하세요. 흙을 채우고 나면 엄청 무거워지거든요. 화분 바닥에 돌을 깔아요. 그래야 물이 잘 빠져요. 이제 맨 위에 약 10센티미터 공간을 남기고 흙을 채우세요.

2 흙 위에 꽃씨를 뿌려요.

3 씨앗 위에 흙을 조금 더 뿌리고 꾹꾹 눌러요.

4 규칙적으로 물을 주고, 싹이 트는 모습을 지켜보세요. 어떤 꽃가루 매개자가 찾아오는지도 잘 기록해 두세요!

꿀벌, 말벌, 무당벌레, 작은 새, 나비 같은 꽃가루 매개자들을 눈여겨보세요.

야생 관찰 일기 쓰기

야생 관찰 일기를 쓰면 계절과 정원과
자연환경을 이해하는 데 많은 도움이 돼요.

일기를 쓰면 우리는 더 많은 걸 알게 돼요.
새롭게 쓸 거리를 찾으니까요. 여러분의 정원에서
많은 걸 관찰할수록 해마다 더 많은 걸 이해할 거예요.
여러분도 깜짝 놀랄걸요!

달마다 또는 계절마다 일기를 쓸 수 있어요.
빈 공책 맨 위에 반드시 날짜와 장소를 쓰세요.
여러분의 정원에서 관찰한 모든 것을 적으세요.

어떤 종류의 채소를 심었는지,
뭐가 가장 맛있었는지 기록할 수 있어요.
좋아하는 꽃이나 나뭇잎을 공책 사이에
끼워 말려도 좋아요.

관찰해 보세요.

봄에 가장 먼저 피는 꽃은 무엇일까?
가장 오래 피어 있는 꽃은 무엇일까?

무당벌레, 벌, 나비 중에서
누가 파란색 꽃을 가장 자주 찾아오나?

정원에 놀러 오는 거미는 어떤 종류인가?
거미를 찾아보고 이름 알아보기.

큰 나무에 처음 싹이 튼 날은 언제인가?
가을에 마지막 잎이 떨어진 날은
언제인가?

올해 콩을 언제 심었나?
그리고 마지막으로 콩을
딴 것은 언제인가?

어떤 종류의 구름을 볼 수 있나?
다른 종류의 구름을 알아보고,
이름 조사하기.

달팽이는 정원에서 어디를 가장 좋아하나?
정원에 개구리가 있나?

이끼볼 만들기

화분을 놓을 창턱이 없다고요?
걱정하지 마세요.
집에 이끼볼을 만들어 걸어 두면
자연을 가까이에서 느낄 수 있어요.

필요한 것

배양토
모래
30제곱센티미터 크기의
녹화 마대 2조각
작은 양치식물
끈 여러 개
신선한 이끼

1

흙과 모래를 각각 두 줌씩 양동이에 넣고 섞어요.

2

1미터 길이의 끈 두 개를 엑스(X) 자 모양으로 놓아요.

3

엑스(X) 자 가운데에 녹화 마대를 놓고
섞은 흙과 모래를 부어요.

4

식물을 화분에서 조심스럽게 꺼내요.
뿌리에 흙이 붙어 있는 채로 흙과 모래 위에 올려요.

녹화 마대의 네 모서리를 조심스럽게
올려서 주머니처럼 만들어요.
공 모양이 되게 묶어 주세요.

또 다른 녹화 마대로 주머니를
감싸고 윗부분을 끈으로 묶어요.

주머니 겉에 이끼를 붙이고,
끈으로 묶어요.

여러 방향으로 묶어서
단단하게 만들어요.

이제, 물에 담그세요!
30분 동안 그대로 두어요.

몇 주에 한 번씩 또는 날씨가 건조하다고
느낄 때마다 이끼볼을 물에 담가 주세요.

물방울이 떨어지지 않을 때까지 물을 빼내요.
(욕실에 걸어 두면 좋아요.) 물방울이 멈추면
적당한 장소에 걸어 두세요.

새들에게 먹이 주기

이른 봄에는 작은 새들이 먹을 음식이 거의 없어요.
새는 정원과 생태계에 무척 중요한 존재예요.
새들에게 맛있는 음식을 줄 수 있는 모이통을 만들어 보세요.
새들이 건강하게 지낼 수 있을 거예요. 봄이 오기 전에
미리 만들어 두면 좋겠죠?

필요한 것

- 플라스틱 병
- 철사와 끈
- 사인펜
- 날카로운 가위
- 손잡이가 둥근 나무 숟가락 2개
- 새 모이
- 깔때기

1

병에 나무 숟가락이 들어갈 곳을 표시해요.
새들이 앉을 자리예요. 병 양쪽에 모두 표시하세요.
높이와 방향을 다르게 하면 좋아요.

2
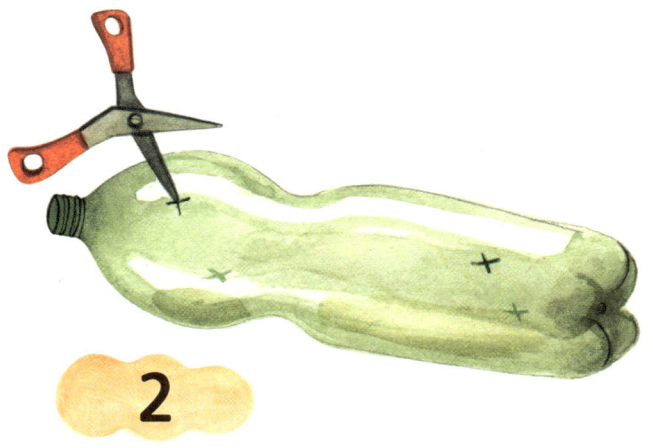
어른의 도움이 필요해요!
표시한 곳에 가위로
구멍을 만들어요.
구멍이 조금 커도
괜찮아요.

3

나무 숟가락을 구멍에
넣고 끝까지 밀어요.
숟가락이 빠지면
안 되지만, 조금은
움직일 수 있어야 해요.

4

병 입구에 깔때기를
끼우고, 모이를 가득
부어요.

5 뚜껑을 꼭 닫고, 철사와 끈으로 모이통을 매달아 주세요.

모이통에 찾아오는 새들은 몸집이 작아서 나무 숟가락에 앉으면 숟가락이 움직일 거예요. 그러면 새 모이가 조금씩 밖으로 나와요. 새 모이가 숟가락 위치보다 낮으면 모이가 나오지 않으니 다시 모이를 채워 주세요!

테라리엄 만들기

유리병 안에 작은 정원을 가꾸어요! 테라리엄은
생태계처럼 작용해요. 병 안은 작은 세계예요.
식물과 온기와 습기가 병 안을 건강하게 만들 거예요.
머리맡에 테라리엄을 두세요. 아침에 일어나서
가장 먼저 자연을 볼 수 있을 거예요!

필요한 것

유리병

그늘을 좋아하는 작은 식물
(양치식물과 다육식물)

신선한 이끼

숯

흙

모래

1

유리병 바닥에 숯을 깔아요.
바닥을 충분히 덮을 정도로요.

2

같은 양의 흙과 모래를 양동이에 넣고 섞어요.
유리병에 3분의 1만큼 넣어요.

3

화분에서 식물을 조심스럽게 꺼내어
뿌리의 흙을 털어요. 뿌리를 잘 펴서
식물을 유리병 속에 넣어요.

4

식물 주위에 이끼를 조심스럽게 놓아요.
전체가 이끼로 덮일 때까지요.
꾹꾹 누르고 나서 물을 주세요.

5

테라리엄을 원하는 곳에 놓아요.
강한 햇빛을 직접 받는 곳만 피하세요.
물을 아주 조금씩 주세요.

도움말: 테라리엄에게 말을 건네 보세요!
우리가 숨을 내쉴 때, 식물에게 필요한 이산화탄소가 나와요.
테라리엄에게 말을 걸면 더 건강하게 자랄 거예요.

꽃들에게 친구를

어떤 식물은 함께 사는 걸 좋아하고, 어떤 식물은 혼자 지내는 걸 좋아해요. 어떤 식물은 다른 식물과 가까이 있으면 더 튼튼하고 크게 자라고, 어떤 식물은 그렇지 않아요. 친한 식물끼리 함께 심는 것을 '섞어 심기'라고 해요. 채소를 섞어 심으면 맛이 더 좋아져요!

꽃과 잎 누르기

꽃이나 잎을 눌러서 보관하면 언제든 미술 재료로 사용할 수 있어요. 눌러서 보관하기 좋은 꽃들이 있어요. 울퉁불퉁한 부분이 없고 평평하게 생긴 꽃이나 잎이 좋아요. 팬지, 작은 데이지, 니겔라, 가을 낙엽 등도 좋아요. 큰 꽃은 꽃잎을 떼서 누르면 돼요.

필요한 것
- 큰 책
- 신문지
- 벽돌처럼 무거운 것
- 누를 꽃

1 책을 펼치고 신문지를 한 장 놓아요.

2 신문지 위에 꽃들을 가능한 평평하게 놓아요.

3 다른 신문지로 덮은 다음, 책을 조심스럽게 닫아요.

4 꽃들이 잘 눌리게 책 위에 무거운 것을 올려 두어요.

5 한 달이 지난 후에 살짝 열어 봐요!
꽃이 완전히 마르지 않았다면
한 달 동안 더 늘려 두세요.

복숭아나무 기르기

필요한 것
- 씻어서 말린 복숭아씨
- 봄까지 보관할 수 있는 서늘한 장소
- 뚜껑이 있는 병
- 퇴비를 넣은 작은 화분들

복숭아씨가 어떻게 복숭아나무가 되는지 궁금한가요? 그럼 직접 심어 보세요!

1

맛있는 복숭아를 먹고 나서 씨를 한데 모아요.
병에 담아 초봄이 될 때까지 냉장고에 넣어 놔요.

2

봄이 되면 복숭아씨를 하나씩
퇴비가 담긴 작은 화분으로 옮겨요.
한두 개 정도는 이미 싹이 나 있어도 괜찮아요.
뿌리가 아래쪽으로 향하게 심으세요.

3

화분을 따뜻한 곳에 놓고 축축하게 유지해 주세요.

4

싹이 나서 잘 자라면 더 큰 화분으로 옮겨 심어요.

복숭아나무가 묘목이 되면 밖에 옮겨 심고,
복숭아가 많이 열리도록 소원을 빌어 보세요.
3~4년 후에 복숭아가 열리기 시작할 거예요.

복숭아는 같은 열매를 맺지 않아요.
여러분이 먹은 복숭아와
똑같지 않을 수도 있다는 거예요.

콩 요새 짓기

필요한 것

덩굴로 자라는 콩의 씨
(떨기가 아닌 덩굴로
자라는 종류인지
꼭 확인할 것)

모종삽

튼튼한
끈이나 철사

긴 막대기들(최소 2미터 이상)

정원에 콩 요새를 지어 보세요. 요새 안에 맛있는 간식을 숨길 수 있어요. 정원이 없다면 화분에 콩을 심어서 창문 주변에서 덩굴을 키워 보세요.

1

햇빛이 잘 드는 장소를 골라요. 땅에 원을 그리고, 주변에 약 10센티미터 깊이로 도랑을 만들어요.

2

긴 막대기를 원뿔 모양으로 도랑에 세워 주세요. 어른에게 윗부분을 잡아 달라고 부탁하세요.

3

끈이나 철사로 윗부분을 단단하게 묶어요. 요새에 입구를 만드는 걸 잊지 마세요.

4

긴 막대기를 도랑에 고정하기 위해 파낸 흙을 덮어요. 흙은 누르지 말고요. 콩을 심을 거예요.

5

요새가 완성되면 입구를 제외하고 도랑 주변에 콩을 심어요. 엄지손가락 깊이로 심고 흙을 덮어요.

6

물을 한 번만 주세요. 싹이 올라올 때까지는 물을 주면 안 돼요. 일주일쯤 걸릴 거예요.

콩 줄기가 막대기를 타고 올라가는 걸 잘 관찰해 보세요. 여러분은 곧 콩 요새를 갖게 될 거예요. 온종일 요새 안에서 콩을 따 먹을 수 있어요!

용어 사전

꽃가루
수꽃의 생식기관에서 나오는 고운 가루예요. 꽃가루는 같은 꽃이나 다른 종류의 암꽃 생식기관을 만나면 수정할 수 있어요.

꽃가루 매개자
꽃가루를 퍼뜨릴 수 있는 곤충, 새, 바람 같은 것이에요.

꽃밥
꽃 속을 들여다보면 길고 가는 줄기들이 있어요. 줄기 꼭대기의 둥근 부분이 바로 꽃밥이에요. 꽃밥에는 꽃가루가 있어요.

녹화 마대
천연 실로 짠 천으로 정원을 가꿀 때 많이 사용해요.

니겔라
파란색, 분홍색, 흰색 꽃이 피는 식물이에요.

다육식물
두껍고 통통한 식물이에요. 건조한 곳에서 자라며 잎에 물을 저장해요.

모종삽
정원에서 구멍을 팔 때 사용하는, 작은 삽이에요.

묘목
줄기가 가는 어린나무예요.

사양토
진흙과 모래로 이루어진 흙으로, 식물을 기르기에 좋아요.

수분
꽃가루가 수꽃과 암꽃 사이로 옮겨 가는 과정이에요.

수정
수꽃과 암꽃의 생식세포가 만나 새로운 식물을 만드는 과정이에요.

수확
다 익은 채소와 과일을 거두어들이는 거예요.

씨방
암꽃의 생식기관이에요.

씨앗
새로운 식물의 시작을 담고 있는 작은 알갱이예요.

암술머리
꽃 속에는 작은 줄기들이 있어요. 가운데에 가장 크고 긴 줄기가 있는데, 그 줄기 꼭대기를 암술머리라고 해요. 다른 식물에게 꽃가루를 받는 부분으로, 꽃가루 알갱이가 싹트는 곳이에요.

양치식물
깃털처럼 넓고 큰 잎이 있는 식물로 꽃을 피우지 않아요. 숲처럼 빛이 적은 곳에서 잘 자라요.

이끼볼
이끼로 뒤덮인 흙덩어리로 그 위에서 식물이 자라요. 이끼볼은 매달아 두거나 선반에 올려놓을 수 있어요.

진흙
질척질척한 흙이에요. 젖은 상태에서 틀에 넣고 달리면 도자기나 벽돌을 만들 수 있어요.

콘크리트
돌, 자갈, 시멘트, 모래를 물과 섞어서 만든 튼튼한 물질이에요. 주로 도로나 건물을 지을 때 사용해요.

퇴비
썩은 음식 찌꺼기를 섞은 것으로, 흙에 영양을 주기 위해 넣어요. 식물이 더 튼튼하게 자라도록 도와줘요.

팬지
둥근 꽃잎을 가진 작은 정원용 꽃으로, 색깔이 다양해요.

회향
감초 맛이 나는 향이 강한 허브예요. 요리할 때 쓰거나 차로 마셔요.